AF286243

Von Herzen zu Herzen

Gedichtband

von Christina Hartmann

Bibliografische Information der Deutschen
Bibliothek:
Die Deutsche Bibliothek verzeichnet diese
Publikation in der Deutschen Nationalbibliografie;
detaillierte bibliografische Daten sind im Internet
über http://www.d-nb.de/abrufbar

© 2010 – Christina Hartmann

Umschlaggestaltung:
Alexandru Ioan Lighezan, Delia Lighezan
www.thecrazypixel.com

Bildgestaltung: Johanna Kopatz
www.grafiker.de/profile/johanna-kopatz

Korrektur: Rolf Hoppenworth

Herstellung und Verlag:
Books on Demand GmbH, Norderstedt
ISBN 978-3-8391-9946-6

Inhalt

Vorwort

An dieser Stelle möchte ich allen danken, die zum Erscheinen dieses Werkes beigetragen haben, vor allem mich zu diesem Schritt zu motivieren. Ich hoffe jeden Leser im Herzen zu berühren, über unser wahres Ich nachzudenken, zu inspirieren und für die kurze Zeit der Lektüre mit ihm gemeinsam in eine andere Welt zu reisen.

Vielen Dank

Unzertrennlichkeit

Ein leichter Hauch des Windes
durchzieht den Raum, der uns entfernt,
und leise will er sprechen
von deiner Trauer und deinem Schmerz.

Doch flüchtig umhüllt mich der Gedanke,
dass wir doch ganz nah beieinander sind,
die Trennung können wir überwinden,
denn unsere Herzen sind immer vereint,
getrennt von Raum und Zeit.

Wenn die letzten Tage
dieser Menschheit angebrochen sind
und die Dunkelheit unsere Hoffnung raubt,
ergreifen wir den letzten Zweig,
der uns entgegen schwimmt.

Wenn viele auch verzweifeln
im Trudel dieser turbulenten Zeit,
entdecken viele neue Wege
aus längst vergangener Zeit.

Und wenn meinen letzten Atem
ich zu schenken hätte,
würde ich nie zögern,
er wäre dein.

DIE EWIGKEIT

Was nützt die Ewigkeit dem,
der keine Hoffnung kennt?
Was nützt es dem,
der die Vergangenheit hält?
Was nützt es dem,
der keine Liebe kennt?

Trostlos und verlassen,
verirrt im Labyrinth des Lebens,
lästig auf der Suche nach Vergebung,
verleugnend die Wahrheit,
die die Welt umhüllt.

Taumelnd auf der Suche
nach dem Sinn des Lebens,
schleicht sich zum Schluss die Trostlosigkeit…
Das Leben wird zur Qual,
was nützt da die Ewigkeit?

WAS ICH DIR WÜNSCHE

Ich wünsch dir Liebe,
wünsch` dir Glück.
Ich wünsch` dir Freude,
wünsch` dir Frieden.

Ich wünsch` dir Stille,
wünsch` dir Schweigen.
Ich wünsch` dir Freiheit,
wünsch` dir Farben.

Das Leben soll dich von seinen schönsten Seiten
umarmen.
Das Glück soll dir angeflogen kommen.
Dass die Liebe dir Freiheit schenkt.
Dass deine Freude am Leben nie vergeht.

Dass du aus der Stille Kraft schöpfst.
Dass du durch Schweigen viel klüger wirkst.
Dass Farben dein Leben bunter machen.
Dass Traurigkeit dich nie erreichen kann.

Dass du nie verlernst neugierig zu sein.
Dass du wie ein Kind das ganze Leben bleibst.
Dass du nie aufgibst, egal wie groß der Stein auch
sein mag.

LIEBE

Sie ist vollkommen,
wenn man sie fühlen darf.
Sie ist ehrlich,
wenn man sie schenken darf.

Sie ist beflügelnd,
wenn sie dein Herz erreicht.
Sie ist selbsterklärend,
wenn sie nicht jede Sprache kennt.

Sie ist frei,
wenn du sie lässt.
Sie ist zufrieden,
wenn du auch nichts anderes hast.

Sie ist nicht beweisbar,
wenn du danach suchst.
Sie ist das Absolute,
wenn alles andere zerbricht.

Denn ich bin dein Freund

Dies soll ein Zeichen dafür sein,
dass dich daran erinnert:
es gibt einen Menschen,
weit weg von dir,
der deine Schmerzen lindert.

Und wenn der Himmel über dir
voller Schauer ist
und der Weg, auf dem du gehst,
voll von Steinen,
sollst immer wissen,
dass ich da bin,
für dich.

VERSCHLUNGEN

Die Blätter der Bäume fallen
und bilden einen Schutz auf der Erde,
umhüllt von den Armen des Windes,
berührt von den letzten Sonnenstrahlen.

Ein stilles, einsames Leben
geht seinem Ende entgegen,
wie jedes Jahr um diese Zeit,
wenn der Winter sagt:
Ich bin bereit.

Er schlägt um sich mit seiner Macht,
verschlingt die fröhlichen Träume,
verhüllt in seiner kalten Art
des Menschen warme Fröhlichkeit.

DIE EHE

Die Engel des Himmels singen
in Tagen wie diesen.
Verbunden vor Gottes Augen
mit dem Band der Liebe.

Das Wort, das der Schwur umschließt,
ist leicht zu sagen,
aber ein Leben lang zu bewahren.

Bevor ein Band wie dieses entsteht,
muss etwas erschaffen werden,
um ein Fundament zu bauen.

Das Baugrundstück soll die Ehe sein,
das Haus die Treue,
die Fenster das Vertrauen,
und die Welt die Liebe,
auf die ihr bauen wollt.

DER HIMMEL UND DAS LEBEN

Auf der verborgenen Seite der Erde
versteckst du dich zurzeit.
Niemand, der dir helfen will,
kommt an dich heran.

Der Himmel ist auf dich gefallen,
das Leben verblasst am Horizont:
denn die Liebe ist vergangen
wie ein Wind streichend übers Land.

Der Wunsch zu lachen
bringt noch mehr Trauer in dein Herz hinein,
denn mit der Zeit war dieses Leben dein Lachen
geworden,
verborgen jetzt im tiefen des Leides.

Der Himmel weint für deine Liebe,
die Sterne vergehen am Horizont
und sagen Adieu, mit jedem ihrer Lichtstrahlen
zu deines Lebens Vergangenheit.

ZEIT

Zeit umreist die Welt,
ohne einen Menschen zu fragen.
Zeit umhüllt deine Gefühle,
ohne sie nach der Art zu befragen.

Zeit bestraft unsere Taten,
ohne deine Reue zu ertragen.
Zeit löscht deine Tränen,
ohne nach dem Grund zu fragen.

Zeit ist deine Beschränkung,
bis du lernst, den Augenblick zu lieben.

DIE FINSTERNIS

Einsame Wörter
würden nicht lügen,
was ich im Herzen fühle.

Gewollt und ungewollt zugleich
entspringt eine Flut der Gefühle.
Sie überwältigt mich,
und unbeherrscht beweg` ich mich
auf eine Schlucht zu.

Die Gefühle meines kleinen Herzens
drehen sich im Sturm umher,
überqueren jede Straße meines Lebens
und bringen Verwirrung herein.

Einsam und alleine,
sitzend am Fluss des Lebens,
verwelkt meine Jugend,
von Hoffnung überflutet,
sterbend im Tal der Finsternis.

DIE SCHÖNHEIT

Es ist unglaublich zu wissen,
dass es sie gibt,
die kleinen Wunder,
die man leider selten sieht
im Nebel dieser turbulenten Zeit.

Wie ein Schmetterling, der fliegt,
wie ein Vogel, der singt,
wie die Sonne, die den Himmel am Morgen berührt,
wie die Sterne in klaren Tiefen der Nacht
die Träume der Welt entfachen.

Wie die Liebe die Menschen heilt,
besser als jede Medizin.
Wie eines der schönsten Wunder der Welt
sich im Leben selbst verbirgt.
Aber nur für die,
für die die Schönheit und der Augenblick
im Einklang sind.

AUGENBLICKE

Lasse die Welt, die du kennst, im Schatten der Zeit
erstarren.
Lasse die Wünsche deiner Gegenwart erfrieren.
Lasse die weinende Vergangenheit erloschen sein.

Lasse deine Gedanken ziehen, halte sie nicht.
Lasse deine Gefühle entfachen, ändere sie nicht.
Lasse deine Gebrechen da sein, verdamme sie nicht.

Wenn deine Angst,
wenn deine Sehnsucht,
wenn deine Furcht,
wenn dein Verlangen
still stehen…
erblickst du den Augenblick
und die Schönheit, die dich umhüllt.

DIE LIEBE

Es ist ein Wort, das Menschen vereint.
Es ist ein Gefühl, das beflügelt
oder
eine Welt zerbrechen kann,
wenn sie missverstanden wird.

Zwei Herzen schlagen,
Worte und Gesten mit Bedacht geführt.
Die Welt scheint wie beflügelt zu sein
in einer Zeit der Liebe.

Wer ist es, der dich erschafft?
Bin ich es, der dich entfacht?
Oder bist du allgegenwärtig?
Aber ich bin nie präsent,
bin hier und dort gefangen,
nie in diesem Moment.
Du bist beständig
und größer als alles auf der Welt.

MUSIK

Egal, welche Sprache du auch sprichst,
egal, welcher Nation du angehörst,
egal, welche Kultur du vertrittst.

Sie bildet eine Brücke
zu den verborgenen Sphären.
Sie bildet zwischen Kulturen
ein unsichtbares Band.
Sie öffnet Türen zum Unbewussten.

Ihre Klänge erweichen
jedes hartgewordene Herz.
Durch die weiche Schwingung ihres Resonanzfeldes
katapultiert sie jedes Wesen in höhere Dimensionen
und lässt Träume und Phantasien erblühen.

FREUND

In einer Zeit, in der dein Herz
umklammert wird von Trauer,

In einer Zeit, in der dein Kopf
durchflutet wird von Stress,

In einer Zeit, in der die Welt
dir seine Schattenseiten weist,

In einer Zeit, in der der Mensch,
den du liebst, weit von dir ist,

Schenk ich dir ein kostbares Geschenk,
....ein wahrer Freund zu sein.

FREIHEIT

Für diejenigen unter uns,
die die Freiheit nur als Wort kennen,
weil die Zwänge ihres Lebens
grausam und erdrückend sind,
will ich Freiheit kurz erklären;
Denn sie tut es nicht von selbst.

Freiheit heißt keinen bedrängen,
Freiheit lässt Leben Leben sein,
Freiheit muss man erst fühlen,
Freiheit lässt sich nicht erzwingen,
Freiheit zwingt keinen ein.

Freiheit ergreift über Täler, über Berge
die Menschen in ihrem Herzen.
Freiheit ist in großer Not
die letzte Säule, die man hat.
Freiheit ändert einen,
Freiheit zertrümmert kein Leben.

Freiheit lässt keine Richter sein,
Freiheit sprengt die Grenzen,
die man zum Teil sich selbst erstellt.
Freiheit ist kein System,
das man integrieren kann.
Freiheit ist selbstverständlich
für die,
die Freiheit kennen.

IN DER WELT

In einer Welt der Gefühle
gibt es keine Liebe und keinen Hass.

In einer Welt der Freundschaft
gibt es die Brücken, die zwei Herzen einen.

In einer Welt der Liebe
gibt es kein Beherrschen.

In einer Welt der Schönheit
gibt es keine Dunkelheit.

In einer Welt des Leidens
ist der Tod wie eine Erlösung.

In der Welt der Gegensätze
gibt es kein Richtig und kein Falsch.

MATHEMATIK UND LIEBE

Würde ich unsere Liebe definieren,
dann würde meine Wahl
auf die E-Funktion fallen.

Genau wie sie kommt unsere Liebe
aus der Unendlichkeit
und geht in die Unendlichkeit,
und mit jedem Jahr, das vergeht,
nimmt sie stetig zu,
genau wie die Funktion.

Und genau wie die Mathematik,
die Jahrtausende übersteht
und sich nie ändert,
ist unsere Liebe beständig
und überdauert die Ewigkeit.

EIN GESCHENK

Ich bin der Überbringer
einer Botschaft, die alleine für dich bestimmt ist,
und dich für den Schlag einer Sekunde
im Hier und Jetzt gefangen nimmt–
um in dein Gesicht
ein Lächeln zu zaubern,
um dir die Freude zu machen,
dass jemand an dich denkt.

Auch wenn wir scheinbar getrennt
voneinander sind,
weil Raum und Zeit
Definitionen sind, die wir so festgelegt haben,
damit dies auch stimmt,
sind wir mit jedem Herzschlag verbunden,
unzertrennlich vereint,
nur nicht bewusst für wahr genommen,
die Trennung scheint viel realer zu sein.

Ich schenk dir bewusst
ein kostbares Geschenk
im Hier und Jetzt,
im Augenblick der Stille,
mich mit dir gedanklich zu verbinden,
in Liebe vollkommen zu sein,
getrennt von Raum und Zeit.

GEDANKEN

Wie Wolken ziehen sie vorbei,
versuche sie nicht zu halten.

Wie ein Sommerregen entstehen sie,
versuche sie zu erlauben.

Wie ein kleines Kind das Gehen lernt,
musst du lernen
Gedanken zu formen.

Wie die stärkste Waffe auf dem Planeten,
meisterst du deine Gedanken,
kreierst du dein Leben.

VERGEBUNG

Im Zorn, in Trauer, in der Wut
bricht man viele Versprechen,
die manch einer unter einem heiligen Ritual
gegeben hat.

Das Band, das die Menschen vereint,
schleicht in Sekunden dahin
wie der Schnee in der Sonne.

Die Fehler des anderen akzeptieren,
nicht ändern wollen,
die Schattenseiten annehmen,
nicht alles beleuchten wollen.

Liebe schenken, wenn Wut entsteht,
die Flammen löschen,
die im Zorn entstehen,
Worte, die schmerzen,
nicht zurückwerfen.

FRÜHLING

Im Kreislauf des Lebens
bricht einen neuer Zyklus an.
Ein langsames Umklammern
schließt jedes Lebewesen im Geschehen ein.

Die Fröhlichkeit, die Stimmung steigt,
die Musik wird lauter.
Leise kann man es erfühlen,
dass jeder Baustein neu entsteht.

Der harte Winter weicht zur Seit`
und mit ihm schleichen dahin
die depressive und erdrückende Stimmung,
die jeden in ihren Bann gezogen hat.

Die Vögel zwitschern,
die Natur erblüht,
die Menschen lachen,
das Leben beginnt neu!

NATUR

Auf meinem Weg durch die Natur
wandere ich auf den Pfaden meiner Vorfahren,
von großem Respekt erfüllt.

Mit jedem Schritt bemühe ich mich,
die Schönheit dieser Gabe zu beschützen,
sie zu verstehen, anzuerkennen.

Beim Öffnen meiner Sinne
stellte ich fest,
dass die Trennung nicht besteht.

Ich bin vereint
und Teil von dir,
die Trennung ist absurd.

RELIGIONEN

Sie sollten Türen öffnen
und Herzen verbinden.
Sie sollten Menschen erweichen
und Nationen vereinen.
Sie sollten beschützen
die Armen und die Schwachen.

Sie sollten lehren
den Weg der Weisen.
Sie sollten nie richten
über das Denken anderer.
Sie sollten Hoffnung schenken
in Zeiten des Leidens.

Sie sollten nie drohen
mit Feuer und Leid.
Sie sollten lieben lassen
jede Form des Seins.
Sie sollten nie vergessen:
es gibt kein Zweites, nur ein Eins.

Sie sollten akzeptieren
das Göttliche in uns.

GLÜCK

Manche von uns erstellen Rituale,
die das Glück vermehren sollen.
Für manche ist es ein Zufall der Begegnung
und für manche existiert es kaum.

Wenn wir Menschen
Glück nur wünschen,
bringen wir eine Maschine in Gang,
die Glück erschaffen soll.

Ist es die Offenheit für Neues,
das Glück erschafft?
Ist es der Prozess des Erlaubens,
das Glück erschafft?
Ist es die Zeit des passenden Momentes,
das Glück erschafft?
Ist es die große Kunst des Annehmens, ohne zu
urteilen,
das Glück erschafft?

Für einige ist es einen Mensch lieben zu dürfen
großes Glück.
Für einige ist es eine Prüfung zu schaffen
großes Glück.
Für einige ist einen Job zu finden,
der zu ihnen passt,
großes Glück.

Für einige ist es Leben zu dürfen
und Leben zu schenken
das größte Glück auf Erden.

DER REGEN

Diejenigen unter uns, die sensibel sind,
fühlen es in jeder ihrer Zelle,
wenn der Prozess beginnt.

Es donnert, es blitzt,
es dunkelt sich alles ab,
die Luft scheint zu vibrieren.
Es baut sich Energie in der Atmosphäre,
die Wolken füllen sich.

Der Wind trägt sie vor sich hin,
bis seine Kraft gänzlich versagt,
denn dann sind sie zu schwer für ihn
und gießen sich herab.

Für einige von uns,
die den Sommerregen lieben -
er spült den Dreck weit fort von uns
und mit jedem Tropfen, der fällt,
entsteht ein Gefühl der Leichtigkeit
und ein Duft für die Sinne.

LIEBE

Ich wünschte, du würdest sie erfüllen,
Ich wünschte, du würdest sie sehen,
Ich wünschte, du würdest sie suchen,
denn du bist mit ihr vereint.

Sie ist die Sprache, die jeder spricht,
Sie ist Balsam für die Seele,
Sie ist die Kraft, die alles heilt,
Sie ist das Fundament des Universums.

EIN NEUER LEBENSWEG

Mit voller Neugierde
eröffnest du dir eine goldene Tür
und fragst dich,
was für wunderbare Taten
sie wohl verbirgt.

Mit Tausenden von Engeln
und Tausenden von Sternen
soll dein Weg gezeichnet sein.
Doch mit einer ganz besonders,
mit dem Glück.
Er soll dich begleiten
auf jedem Schritt.

Das Glück alleine ist nicht perfekt,
sondern erst durch die anderen vollkommen.
Die Liebe,
die Freiheit,
die Gesundheit,
die Freude an allem,
von Freunden umgeben,
in Vollkommenheit vereint.

AUFATMEN

Leise wie ein Schmetterling,
fliegend durch das ganze Land,
erkundigend mit Neugierde
die Welt, in der wir leben.

Von einer Blume zur anderen,
immer mit voller Kraft,
niemals genug von den beflügelnden Düften,
die deine Sinne betäuben.

Auf einer Rose gelandet
und endlich den Duft des Lebens gefunden.
Stillend im Schatten der Sonne
und ohne viel Kraft
einfach das Leben genießen.

ICH WÜNSCHTE,

die Sterne würden mir beistehen,
mir erklären, was mich bewegt,
wohin mit meinen Gefühlen.
Wie gern würde ich es tun
ohne Reue oder Schuldgefühl,
es herausschreien,
was ehrlich gemeint, mit der Ewigkeit vereinen.

Dich umarmen,
dich anschauen,
dich einfach zum Lachen zu bringen,
dich lieben, ohne dich zu ändern.

Dir zuhören, ohne an die Zeit zu denken,
dir jeden Tag neu begegnen,
dich jede Stunde bezaubern.

Wie ein Kind betrete ich ein neues Land,
ohne zu wissen wohin,
und doch mit Angst;
denn es ist viel, was kaputt gehen kann,
wenn ich dir sage,
was ich fühle.

BEGEGNUNG

Aus der Stille heraus erbrach der Donner,
von dem meine Sinne betäubt wurden.
Blind von der Stärke deines Anblickes,
am Boden der Tatsachen erwacht.

Erschüttert von den aufkommenden Gefühlen,
von der Vertrautheit, die du ausstrahlst.
Gefesselt und erschreckend zugleich
suchend wie ein Kind
nach einem rettenden Floß.

ANGST VOR ERNEUERUNG

Wenn Neues zu leben beginnt,
muss meist` was Altes weichen,
um Platz für das Neue zu machen.

Doch wo ein festgefahrener Weg
sich längst schon etabliert hat
und stagniert,
ist Neues schwer zu integrieren.

Es ist so schwer für viele,
von tief Eingegrabenem zu lassen,
um Platz für Blühendes zu schaffen.
Die Frage wird nicht gestellt:
Ist es besser für alle?

Wir Menschen sind in dieser Hinsicht eigen.
Ein Tier weicht seinem Jungen.
Altes muss Neuem weichen.
So ist das gedeihende Leben.

Systeme, dir wir uns schaffen,
sind schwer niederzureißen,
zu stark verankert in Köpfen „der Alten".

Doch Jahre vergehen,
Generationen weichen,
und manchmal scheint Alt Neu
und „ in" zu sein.
Da muss plötzlich das Neue weichen.

Doch wenn Verstrickungen entstehen,
wo Neu und Alt kein Ende kennen,
sollen beide verworfen werden
um etwas völlig Neues geboren zu werden.
Ein unbeschrittenen Pfad der keine Vorfahren
kennt.

Die Angst beherrscht das Spiel sehr gut,
um nicht die Macht zu verlieren,
um meist an dem Altbekannte festzuhalten;
das Neue ist zu unbekannt.

Doch der Prozess des Lebens
ist dem des Wachsen.
Wir sind ja nie dieselben
wie vor ein paar Sekunden.

Und so stellt sich nicht die Frage:
Ist man bereit für etwas Neues?

Es würde jedem leichter fallen
sich von dem Fluss des Lebens mitreißen zu lassen
und in jedem neuen Augenblick etwas Wachsendes
zu sehen,
für uns und für alles Wesen zugleich.

Doch meist lernen wir zu später Stund
dass das Alte dem Neuen weichen muss,
früher oder später.

SINNLOSE SCHMERZEN

Sitzt du auch öfters am Fenster
und fragst die Sterne um Rat?
Und denkst,
dass einzig und allein ein Engel
dir diese Last wegnehmen kann?
Du fragst vergebens nach einem Weg,
die Antworten scheinen auf dem Moment
so sinnlos wie der Schmerz.
Denn du lebst
und das ist sinnvoller
als der Gedanke an den Schmerz.

EINFACH LIEBE

Mein Verstand, gefangen
wie in einen Käfig aus Gold.
Mein Herz zerspringt bei den Gedanken an dich.
Schon der Gedanke an dich reicht aus,
mich aus meiner Bann zu bringen.

Schmetterlinge scheinen ein Nest
in meinem Bauch zu bauen.
Meine Knie erzittern,
wenn ich deine Stimme nur höre.

Eine Berührung von dir
hält die Welt an.
Klares Denken ist nun Vergangenheit.

Ist es deine Person,
ist es dein Lächeln,
ist es dein Körper,
sind es deine Augen?
Nein,
es ist die LIEBE, die all das erklärt.

VERLEUGNUNG DER GEFÜHLE

Du kamst in mein Leben,
ohne Fragen, ohne Wünsche,
doch mit einer Reinheit in den Augen,
die man nur selten sieht.

Am Anfang wie Schwestern geliebt,
bis der Wunsch nach etwas Größerem bestand.
Nun versuchst du vergebens zu erhalten,
was schon längst verging.
Eine Bindung, der ich Hoffnung schenkte,
eine Bindung, der ich Reinheit schenkte.
Doch umsonst,
denn die Reinheit verblasste
durch deine Liebe, die zur Verleugnung führte.

Aus Selbstschutz nahmst du einen Weg,
der weit von mir liegt.
Zu groß die Angst,
dass man sein Gesicht verliert,
wenn die Liebe zu groß wird.

Nun kehrt Stille ein
an dem Ort, wo früher eine Kaskade
der Gefühle niederfiel.
Wo der Respekt und die Achtung
die Wächter waren,
herrscht Totenstille.
Man schmeißt mit Steinen auf den Altar,
der einst so heilig war.

MEIN ALLERERSTER LEHRER

Ich offenbare dir auf diesem Stück Papier,
ein Teil von meiner tiefsten Seele.
Und hoffe, egal wo du jetzt bist,
dass dieses geschriebene Wort,
zu dir gedrungen kommt
in Sphären wo der Mensch,
erst nach seinem Tode kommt.

Du warst für mich mein allererster Lehrer,
ein Engelwesen in menschlicher Gestalt.
Ich dachte nie das Leben würde uns je trennen.
Ich lernte von dir so viele Dinge.
Du zeigtest mir Seiten des Lebens,
die für andere verborgen sind.
Dein Gehen war so plötzlich,
ich war noch nicht bereit.

Ich sollte Jahre später erst begreifen,
dass der Mensch, der in meinem Herz
einen heiligen Ort erschaffen hat, gegangen ist.
Ich stellte mich selbst in Ketten
und hielt den Schlüssel zum heiligen Raum,
der mit unsere Erinnerung gefüllt ist, fest.

Doch damals verstand ich nicht.
Ich war so wütend und egoistisch, zu erkennen,
dass meine größte Lektion
darin besteht, dich zu lieben
und doch gehen zu lassen.

Du lehrtest mich so vieles,
was mich als Mensch zu dem werden ließ, der ich
jetzt bin.
Doch unsere Wege mussten sich trennen,
jetzt begreife ich warum.

Es kamen andere Lehrer,
die dir ein Stückchen ähnlich waren.
Doch nur du warst und bleibst,
…. mein einziger Großvater.

EINSAMER WÄCHTER

Mein Herz zertrümmert in zwei.
Meine Lichter der Zukunft erloschen.
Meine Hoffnung geraubt.
Einzig und alleine das Gefühl,
das mich begraben hat, ist da.

Ist es die Liebe,
die ich glaubte zu fühlen?
Oder ist es mein Ego, das mich quälen will?
Ist es eine Aufgabe, die ich zu lösen habe,
einen Sinn darin zu erkennen?

Der arme Wächter,
er wacht über ein Haus,
das längst zertrümmert ist,
seit dem Augenblick,
in dem du gegangen bist.

MOMENTE IM LEBEN

Es gibt Momente im Leben,
die voller Überraschungen sind,
wo das Herz und der Verstand
für einen Bruchteil stillzustehen scheinen.

Ist es die Art, wie ich heute denke,
oder bin ich heute offener als sonst,
dass ich deine Schönheit
und deine Ausstrahlung wahrnehme?

Würde ich nur flüchtig im Stress des Alltags
an dir vorübergehen?
Wie könnte ich handeln,
ohne wie ein Narr dazustehen?

Ist es der Liebe nicht egal,
auf welchem Wege man sie trifft?
Ich bin ein Narr, wenn ich jetzt gehe
und dich ohne ein Zeichen,
ohne ein Wort über meine Gefühle,
dich einfach so weiterziehen lasse.

LIEBE SCHMERZT DOCH NICHT....

Bist du die Liebe,
die alle Welt durchzieht?
Doch die Liebe, die ich kenn`,
hinterlässt keinen Schmerz!

Wer bist du denn?
Du hast nur eine Maske auf,
verkaufst dich als die Liebe.

Die Liebe selbst
will keine Knechte haben.
Sie schenkt die Freiheit dem,
der ihre Freundschaft nimmt.

Doch auch wenn deine Welt
der der Liebe ähnelt,
bist du es doch nicht;
wie heißt du denn?

Deine Berufung ist der der Liebe täuschend ähnlich,
doch führst du auf dunklere Straßen.
Dein Weg ist steinig und hart;
düstere Zeiten für den Reisenden.

Erst wenn man dir in die Augen schaut,
erblickt man die dunklen Schatten,
die bei genauerem Betrachten
die des eigenen Wesens sind.

WIE DER WIND

Ein leiser Sturm bricht herein.
Er kündigt mit seiner Macht
Verwüstung und Zerstörung an.
Sind es meine Gedanken,
die diesen Sturm nähren?
Bin ich es, der sie kontrollieren kann?

Gefühle verwirren, verblenden, verzehren,
trüben die klare Vorstellung
und drängen dich in der Ecke.
Dein festgefahrener Weg,
der dir Sicherheit gab
um zurückzufinden, wenn du dich im Labyrinth
verirrst,
scheint wie von Winden getragen zu sein
in diesem Moment.

So bin ich in jedem Atemzug
nicht mehr der,
der ich vor ein paar Sekunden war.
Ich bin flüchtig wie der Wind,
in jedem Augenblick.

ERINNERUNG

Auf meinem Weg erkenne ich Menschen,
die in ihr gefangen sind.
Dass Hier und Jetzt scheint
wie von Geisterhand davongerissen zu sein.
Es ist ihre einzige Säule, die aufrecht geblieben ist.
Das Leben ist in diesem einzigen Moment
gefangen.

Es gibt auch die unter uns,
die schier Erinnerungen verdrängen,
zu groß der Schmerz über das Vergangene.

Mit jedem Schritt bauen wir ein Schloss,
aus kleinen Puzzle zusammen
und irgendwo in unserem Kopf
befindet sich die Zugangstür.

Ob Weinen oder Lachen,
ob Glücklichsein, ob Trauer,
alles hat sein Plätzchen
gespeichert für die Ewigkeit.

Nur manchmal scheint der Besitzer,
den Schlüssel wegzuschmeißen,
mit Absicht oder ohne
und so verblassen schöne Zeiten
in den tiefen unseres Kopfes.

Ist es ein Selbstschutz, der hier entsteht,
um uns vor Schlimmem zu bewahren?
Oder ist es schlicht und einfach,
dass wir nicht jede Erinnerung
als wichtig erachten?

Doch auch wenn für manch` einen
eine Erinnerung banal erscheint,
ist sie für seinen Erschaffer
ein Baustein, der sein Leben Form zu geben
scheint.

Manche sind erfreut anderen ihre Erinnerung zu
schildern,
um sie zu fesseln, zu berühren
mit längst vergangener Zeit.
Und so baut sich ein Geflecht,
dass mehrere Leben an sich binden kann.

Ohne Erinnerung würden wir
nur leere Hüllen sein,
die Puzzleteile erzählen einen Film
der letztendlich,
.... ein Leben schreibt.

ERGRIFFEN

Manchmal reicht ein Wort,
und deine Welt erzittert.
Manchmal reicht eine Geste,
um dich außer Kontrolle zu bringen.

Deine Atmung wird flacher,
dein Herz schneller,
deine Haut errötet,
deine Worte verschwimmen.

Ist es der chemische Cocktail?
Ist es dein Auftreten?
Ist es die Kleidung?
Ist es die Art, wie du lächelst?

Es ist ein Gefühl, das jeder sich wünscht.
Es ist ein Gefühl, das Welten bewegt.
Es ist ein Gefühl, das fundamental ist.
Es ist die Liebe, die einen ergreift.

GETRENNT VON RAUM UND ZEIT

Sekunden, Minuten, Stunden
kreisen in dieser Welt,
erschaffen von menschlicher Hand,
bestehend in dieser Realität.

Sie grenzen den Menschen ein,
dort wo es keine Grenzen gibt,
denn sie sind Illusionen in diesem Raum und dieser
Zeit.

Manche stellen ihr Leben um,
für manche bricht eine Welt zusammen.
Die Zeit verflüchtigt sich,
sie entflieht, ist unberechenbar.

Doch wer im Hier und Jetzt verweilt,
entdeckt, dass plötzlich Ort und Zeit
sich zu verzehren beginnen.
Die Schönheit erstrahlt,
die Liebe zu allem erblüht,
und plötzlich erkennt man:
… es ist alles nur ein Augenblick,
getrennt von Raum und Zeit.

Riesenrad und Liebe

Jedes Jahr zieht es die Menschen
wie ein Magnet zu sich heran.
Die Faszination ergreift klein wie groß zugleich.
Für jeden ist es ein beflügelndes Moment
so nah am Himmel sein.

Zu Hunderten stürmen sie herbei,
Hand in Hand,
über der Wolke Sieben schwebend,
die Liebespärchen
turtelnd wie zwei Tauben ohne Flügel.

So hoch am Himmel
wollen sie sein
und mit ihrer Liebe davonfliegen.
Zu ihren Füßen die Lichter der Stadt
verzaubern romantisch die Nacht.

Doch nicht immer nur Höhen
werden sie haben,
auch Tiefen werden sie durcheilen.
Die Liebe wird ihr Fundament sein,
wie die Schrauben des Riesenrads.

Doch Stürme brechen herbei
und Schrauben und Fundamente reißen...
Es ist die hohe Kunst des Lebens,
solches zu verhindern.

ENGEL IN MENSCHLICHER GESTALT

Umhüllt von des Lebens Ungunst,
verschollen in einer düsteren Wüste,
Gefühle vergraben,
Gedanken verhüllt.

Die Sonne vergeht,
der Himmel vergraut,
und zeichnet die gleichen kalten Gefühle
deines Inneren ab.

Ein Mensch, der wie ein Engel erscheint,
versucht dir die Augen zu öffnen
und erleichtert deinen Schmerz
mit seinem himmlischen Glanz.

DU

Immer im Kampf für die Menschheit.
Immer im Kampf für die Wahrheit.
Immer im Kampf für die Echtheit.
Immer im Kampf für die Einheit.
……. Alles an dir ist rein, unverfälscht!

Deine Augen… glitzernd in der Nacht.
Dein Herz… wie ein Feuer der Gefühle.
Deine Seele… auf der Suche nach Nirvana.
Dein Wille… unermessen.
…….. Bist bereit und erwartungsvoll!

DICH LIEBEN....

Ohne dich bin ich nichts,
wie das Meer ohne Wasser.
Mit dir bin ich vollkommen,
wie das Ganze, das uns umhüllt.

Im Gedanken.... deine Weisheit.
Im Herzen.... dein Lächeln.

Jede Berührung zeigt mir das wahre Glück.
Jeder Kuss zeigt mir die wahre Liebe.

Dich lieben... das größte Geschenk.
Dich preisen... die größte Herausforderung.

Meine Seele sehnt sich nach dir,
mein Körper zittert in deinen Händen.

Lass´mich dich lieben bis in alle Ewigkeit!

WAHRHEIT

Welche Bürde ist mir auferlegt,
die Wahrheit zu sprechen, zu denken,
zu fühlen, dass nicht jedes menschliche Wesen
dieses Ziel wie meins verfolgt.

Zutiefst in Trauer versetzt,
die Fehler an meiner Person suchend,
obwohl die Suche vergebens ist.
Die Fehler sind nicht die meinen.

Wie kann ich leben in eine Umgebung,
die auf Lügen aufbaut,
wo die Menschen sich selbst täuschend
lügen,
damit ihre Fehler nicht einzusehen sind?

Wo früher in meinem Herz
eine blühende Landschaft war,
steigen Berge empor,
die mit ihrer kahlen Oberfläche
alles Lebendigwerdende, das Lebenselixier rauben.

Was kann man tun,
wenn die Worte verstummen
oder kein Gehör bekommen?
Wenn die Sprache, die man spricht,
wie außerirdisch klingt?

Wenn die Wahrheit Schmerzen bereitet,
wenn Loyalität und Ehrlichkeit
manchmal auch heißt
zu eigenen Fehlern zu stehen,
andere in ihrer Denkweise zu respektieren,
keine Menschen absichtlich durch Taten,
durch unreine Worte oder Falschheit
zu verwirren
und an sich selbst zu arbeiten,
diese Reinheit zu erlangen.

DER SCHLÜSSEL

Jedes menschliche Wesen
erhält bei seiner Geburt
den Schlüssel des Lebens.

Doch nur selten wird sie geöffnet,
die Tür der Offenbarung,
die Tür der Freiheit,
die Tür, die Schmerzen heilen lässt.

Zu groß die Angst
selbstbestimmend zu sein,
selbst sein Schicksal zu gestalten,
selbst für Schmerz und Trauer zu sorgen.

Angst regiert das kleine Ego,
das die Macht ungern abgibt.
Seine Welt ist nicht die Freiheit,
sondern Zwang und Unterdrückung.

Weit entfernt von dieser Tür,
die Erlösung verschafft,
und der Geist ist überall verstreut.
Bloß die Stille sucht er nicht;
denn die Stille offenbart,
was das Ego unter Zwang
verstecken will.

UNS SELBST

Wir Menschen neigen dazu alles zu lieben:
unser Auto,
unser Haus,
unseren Hund,
und manche von uns
lieben ihren Beruf.

Für manche ist die Familie
die Erfüllung ihres Lebens.
Auf der Suche nach neuem Liebesglück
vergessen wir das Schönste
und größte Geschenk: zu lieben

.... uns selbst!

Erst dann lernen wir,
was es wirklich heißt,
ohne Grenzen zu lieben.

EIN DORF IM UNIVERSUM

Die Welt, wie wir sie kennen,
ist ein kleines Dorf
im riesigen Universum verstreut.

Die Realität, die wir als solche kennen,
entspricht nur paar Prozent von alledem,
was existiert da draußen.

Wir sind wie Maulwürfe,
die blind durchs Leben gehen,
und doch sind seine Sinne
offener als unsere,
die so verschlossen sind.

Die Welt, wie wir sie kennen?
Wir kennen sie nicht wirklich,
denn erst das Öffnen erlaubt
das wirkliche Erkennen.

DIE QUELLE

Der Weg der Erkenntnis
verlangt Ausdauer.
Es ist keine gerade Strecke
mit Blumen am Straßenrand.

Es führt durch Berge
und durch Täler
zu der schönsten Quelle.

Doch auch wenn am Anfang
viele diesen Weg zusammen gingen
und sich ewig Treu` geschworen
für schlechte und für gute Zeiten,

merkt man schnell auf halbem Wege,
dass wir die einzigen sind
und unsere treuen Kumpanen
längst über alle Berge sind.

Jetzt muss man sich öffnen,
um die Leere zu füllen,
und durch diese Öffnung
merkt man erst,
man war nie alleine all die Jahre.
Alles war verbunden mit einem,
nie getrennt vom anderen,
denn man ist ein Tropfen aus der Quelle.
Doch man ist auch die Quelle selbst!

VERLORENES ZIEL

Menschen auf der ganzen Welt
führen Kämpfe jeden Tag
gegen sich und gegen alle.

Wir sammeln ständig Güter,
die uns besser machen sollen
als die anderen.

Wir denken, Geld, und am besten
sehr viel davon,
bringt uns die Freiheit, die wir suchen.

Doch jede Uhr,
jedes Auto,
jedes Begehren nach Gütern
stillt den Durst des Lebens nicht.

Und am Ende des Weges
hat man sich todgeschuftet
für ein Ziel, das so
nicht zu erreichen ist.

DER BOTE DER ERNEUERUNG

Wenn der Frühling
seine Glocke schlägt
und in Windeseile
alles Leben umarmen will,
um sein Eintreffen zu offenbaren.

Er ist der Bote der Erneuerung.
Er kündigt einen neuen Kreislauf an,
und alles beginnt zu seiner Musik
langsam zu tanzen.

Die Vögel zwitschern,
der Wald erblüht in seinen schönsten Farben,
das Gras ergrünt
und wird zum Lebenselixier
für alle Lebewesen.

Der Mensch ist zögerlich,
doch immer mehr ergreift es ihn
und weckt ihn auf
aus seinem Winterschlaf.
Er ist berührt von dieser Blütenpracht
und innerlich erblüht er auch.
…Das Leben scheint perfekt zu sein.

KRANKHEIT

Im Einklang zu sein mit sich selbst
heißt dir aus dem Wege zu gehen.
Viel gefürchtet und bekämpft,
bist du nicht dieser Bösewicht,
für den man dich hält.

Auf deiner Fahne steht geschrieben:
…. Wach auf, du Menschengott!
Du bist weit entfernt vom Wege,
treibst im Labyrinth des Lebens,
verwirrt und ziellos fort.

Ich selber bin nur das Stopp-Schild
an der Riesenkreuzung,
ich bin der Kompass, falls du im Walde irrst.
Ich bin dein Wecker,
den du dir selber stellst.
Er soll dich wecken,
damit du dein Vorhaben
in diesem Leben
nicht verschläfst.

MEISTER / GURU

In einer Welt, die so zerstreut
wie unsere ist,
versuchen viele einen Menschen zu finden,
der ihre Lasten lindert.

Sie preisen, beten dessen Namen,
sein Leben scheint heilig zu sein.
Man richtet über das eigene Leben
und fügt das Leben dieses Heiligen ein.

Doch weit entfernt scheint das Wissen zu sein,
kein Mensch ist dem anderen gleich.
Alle sind einmalige Wesen.
Die Suche nach einem Zweiten
ist somit vergebens
….. es gibt nämlich nur Eins.

Und so sind auch die Wege,
auf unterschiedlichen Pfade zu gehen.
Kein Weg gleicht dem anderen,
eben einzigartig
wie die Beschreitenden selbst.

So ist es sinnlos, einem Menschen zu folgen.
Sein Weg ist nicht der meine,
denn ich bin selbst ein Meister,
selbstbestimmend mit jedem Schritt
meines Erdenlebens.

ANGST

Du kennst tausende Gestalten,
bist mal klein,
mal riesengroß,
fließt von einem Punkt zum anderen,
kennst keine Ruhe und keinen Halt.

Deine Nahrung sind die Menschen.
Wie sie denken,
wie sie handeln,
schnüren sie sich selbst
im Leben ein.

Doch du bist wie alles andere,
nur ein Bote in dieser Welt.
Dienst dem Ego
als seine Nahrung,
dein Wesen gefangen,
dein wahrer Kern
ist dem Bösen fern.

Denn durch dich erlangt man Freiheit,
ein Wächter mit schlechtem Namen,
der im Grunde nur ein Überbringer
über dem Fluss des Leben ist.

DIE SELBSTGEZOGENEN GRENZEN

Ein jeder sieht das Leben
als die große Last,
nur weil wir von Anfang an
unser Leben falsch angehen.

Niemand kennt die Richtung,
jeder taumelt durchs Leben
und schimpft und sucht die Schuld
immer bei den anderen.

Von Geburt an als zu schwach empfunden
und durch Lügen großgezogen,
wie soll dies einen Nährstoffboden
für einen schönen Lebensbaum sein?

Spricht auch einer die Sprache,
die sich Wahrheit nennt,
können wir dies nicht verstehen;
denn sie ist uns fremd.

Jeder Mensch, ob groß und klein,
ist im ganzen vollkommen,
selbstbestimmend, innen rein.

Wir beflecken und beschmutzen,
was wir nicht so ganz begreifen,
um am Ende unseres Weges
durch mühevolle Arbeit das Ganze abzuschleifen.

Doch dies ist den Lauf des Lebens,
niemand sagt, es ist perfekt.
Und die Kunst ist, frei zu werden,
ungezwungen, nicht gefesselt sein,
um den Lauf der Dinge besser zu verstehen,
in einer Welt, die sich selbst
Grenzen setzt.

TOD

Nur selten gibt es Völker,
für die du kein Abschied bist,
die dich feiern und belächeln
als Übergang in die Ewigkeit.

Ist es nicht egoistisch zu betrauern etwas,
das als Geburt und Neubeginn
anzusehen ist?

Der, der ging, kam nimmer wieder,
nicht in derselben Gestalt eben,
um zu sagen, welche Grenzen
man durch dich durchquert.

Doch auch kein Baby dieser Erde
wandert je zurück
in den wohlbehüteten Leib der Mutter,
es ging ins Leben hinaus.

Wenn wir unsere Grenzen sprengen
und die wahre Welt erkennen,
gibt es keinen Tod mehr zu befürchten,
der Abschied ist Illusion.

Erstmal drüben angelangt,
scheint jede Strapaze vergessen zu sein,
die Trauernden bemitleidend,
denn die Wahrheit lag offen da,
und der Tod eröffnet wieder,
was sie bei ihrer menschlichen Geburt
ins vergessene Land verschickten.

….. erst dann wird klar, dass der Tod
nur die neue Geburt darstellt.

MENSCHLICHE SYSTEME

Unser Leben, meist regiert
von Politik, von Recht und Pflicht,
wie ein Zaun, der sich um uns schmiegt,
um uns täuschend Freiheit zu versprechen.

Meist sind es Institutionen,
die zu Recht auf Recht plädieren,
doch am Ende ist
der größte Brocken des Kuchens
 ihnen zugeschrieben.

So vertrauen wir unser ganzes Leben
auf einen Menschen,
auf eine Gruppe,
auf viele Institutionen,
die uns führen.
Diese wissen schon den Weg,
der alle Erfüllung bringen soll.

Doch getäuscht sind unsere Sinne,
und wo eins ein goldenes Kalb versprochen,
sind die Versprechen
und die Ziele nicht für einen selbst gedacht,
sondern gelten denen,
die diese Regeln selbst erschufen,
um ihre Vorteile daraus zu ziehen.

Und aus Wahrheit wurde Lüge,
eine riesengroße zugleich.
Aus dem Gold wurde nur Staub,
der sich in alle Winde zerstreut.

Der, der auf die Wahrheit hofft,
sucht vergebens in menschlichen Systemen.
Göttlich ist, was er draußen sucht
und tief in seinem Herz verborgen.

ARMEE AUS TAUSEND INDIVIDUEN

Du bist für manche ein Segen,
denn erst durch dich erblüht das Leben.
Wo vorher Wüste war, gedeihen Blumen,
und sei es nur für kurze Zeit;
deine Mission ist hiermit erfüllt.

Wiederum für die,
die du plötzlich und unerwartet
auf ihrem Wege triffst,
bist du nur ein Thema,
auf das man schimpfen muss.

Du bündelst in dir
eine Armee aus tausend Individuen,
deren Wege unterschiedlich
zu Mutter Erde niederführen.

Weit weg vom Zielort sammelst du dich
und nimmst jeden als Soldaten fort,
bis du zur Perfektion gelangst
und du dich übers Land
in Strömen ergießen kannst.

Du bist nicht immer ein Segen,
manchmal ist deine Armee zu groß,
dass viele Seelen gehen müssen,
und in der Trauer beschimpft man dich erneut
und vergisst, dass du auch nur ein Teil
von dem großen Ganzen bist.

Willst du auch die Waage halten
zwischen dem Leben und dem Tod,
liegt es im Auge des Betrachters,
dich zu lieben oder zu hassen.

Ein Schmetterling

Du bist ein Wandler wie kein Zweites,
am Anfang deiner Verwandlungsreise
strahlst du Ekel und Abschreckung aus.

Doch lässt man dich deine Reise weiterziehen,
entwickelt sich was aus dir,
was kein Wesen auf dieser Welt
kalt und ohne Gefühle
zurückstehen lässt.

Du bist meist ein Bote,
der den Frühling mit sich bringt.
Meist vereinzelt über Wiesen fliegend
in unterschiedlich leuchtenden Farben,
bringst du Freude jedem Wesen,
das dich erblicken kann.

Und in diesem Augenblick
ist der Anfang deiner Reise
in Vergessenheit geraten.

Doch die Schönheit deines Wesens
erfreut uns nur für kurze Zeit.
Deine Reise neigt sich dem Ende entgegen,
und so nehmen wir unbewusst Anteil
an der Vergänglichkeit des Lebens,
die du uns zuteil werden lässt.

UNTERSCHIEDLICHE NATIONEN

Wir sind wie die Blumen dieser Erde,
verstreut in allen Ecken,
in unterschiedlichen Traditionen lebend,
lachend, weinend, Freude empfindend,
wie all die anderen zugleich.

Doch die Sprache, die wir sprechen,
scheint uns voneinander zu trennen
und einen Graben aufzubrechen
zwischen den Nationen.

Doch dies soll sich nun ändern
durch die Globalisierung.
Wie die großen Mächte es auch nennen,
bringt sie nur Verwüstung ein.

Die Vielfalt wird verschwinden,
und wo früher eine paradiesische Pracht erstrahlte,
kehrt nun Schlichtheit ein.
Dies ist besser für die Kontrolle,
doch nicht für die Nationen.

Stellt euch vor ein Frühlingsfeld
voller Blumen in ihren schönsten Farben.
Sie geben die Vielfalt und die Freude des Lebens.
Nun soll dort
nur eins gedeihen:
eine Blume, und am besten ohne Wurzel,
nur aus Plastik und in einer Farbe eben.

Und wo früher die Nationen
mit ihren vielen Traditionen
den Takt des Lebens gaben,
bleiben Traurigkeit und Einsamkeit zugleich.
Man ist nur einer unter vielen,
die Vielfalt ging verloren.

REINHEIT DER LIEBE

Überall in aller Munde
spricht man von der Liebe
… doch dein Wesen ist erst durch Reinheit zu
erkennen.

Du bist nicht ein Bösewicht,
der Schmerzen im menschlichen Herzen entfacht.
Doch der Mensch muss offen sein,
um dich zu empfangen.

Das Ego kennt dich zu gut,
denn es weiß genau,
dass durch dich seine Macht entweicht.

Du wirst oft verwechselt
und in deinem Namen
passieren auch Missetaten.
Doch dein inneres Wesen
ist der Reinheit des Lebens zugeschrieben.
Du erschaffst die Harmonie,
nach der wir uns alle sehnen.

FEUER

Brennende Glut entfacht,
löscht alles Lebendige,
das sie berührt.
Man fürchtet deine Kraft
und schätzt und ehrt dich zugleich.

Die Bauern lieben dich,
denn durch dich wird der Boden fruchtbar,
aber wenn du unbeabsichtigt
auf ihrer Felder schaust,
bringst du Verwüstung und Zerstörung
über sie hernieder.

Erst deine Entdeckung
entfesselte die Zivilisation.
Durch dich entstand das neue Leben
ohne Grenzen,
immer vorwärts zu streben.

Du bist in kalten Nächten
unser bester Freund
und schenkst auch manchen Nächten
ein stimmungsvolles Lied,
bindest Gemeinschaften um dich herum,
du bist Freund und Wärmequell zugleich.

Du schenkst romantische Stimmung
manchen Liebespaaren.
Du bist Grund für neues Leben,
das sich dadurch entfesselt.

Doch dein Gesicht ist trügerisch.
Du bist auch Räuber des fruchtbaren Leibes,
hast zu Tausenden Seelen gestohlen
durch deine stürmischen Flammen.

Man soll dich ehren und schätzen,
lieben und hassen.
Einen Freund, der über Nacht
zum Feinde werden kann.

DIE SONNE

Du Mutter aller Lebewesen,
Spenderin der Lebenskraft,
du bist das Zentrum unserer bekannten Planeten
und der Taktgeber für alle Wesen
unserer schönen Erde.

Unser Tag beginnt mit deinem sanften Wecken,
die Berührung durch deine Strahlen
verzaubert und verführt zum Träumen.
Tausende von Liebespaaren
schenken dem Augenblick deines Erscheinens
über Meeren den Zauber
ihrer Liebesschwüre.

Unsere Weisen auf Erden
verneigen sich vor dir
und deiner großen Zauberkraft.
Sie verehren dich als Göttin,
die die Macht
über Leben und Tode hat.

Ohne dich ist Leben unmöglich,
du schenkst jedem Erdenwesen
das Licht des Lebens,
du wiegst uns wie die große Mutter
in deinen Schoss hinein,
schenkst uns Liebe,
schenkst uns Wärme,
schenkst uns alles für das Leben.

Ohne dich gedeiht kein Korn,
erst durch dich keimt es.
Du schenkst allen die Kraft zum Reifen.

Doch du bist nicht immer sanft,
deine Strahlen können alles niederbrennen
und zu Wüste werden lassen,
und das Leben wird zur bitteren Qual.

Und so hältst du die Waage
zwischen dem Leben und dem Tod.

VERLORENE SEELE

Du warst mein Tor in dieser Welt,
du warst meine allererste Liebe,
und auch wenn du nicht vollkommen bist;
aus menschlicher Betrachtung
umsorgtest du mich mit alle dem,
was mich zum Mensch werden ließ.

Kennst selbst die Liebe nicht,
und doch bist du mit ihr verbunden.
Nur das Menschsein ist auch schwer für dich,
die Liebe oft verschwunden.

Du hoffst auch innerlich,
dass ich zur Stütze werde,
und vergisst dabei,
dass auch ich selbst
… ein Menschenleben führe.

Erlangte ich doch die Freiheit,
die du all die Jahre suchtest,
hörst weg, wenn ich das Leben lobe
und du es selber hasst.

Gönnst mir keine Liebe,
kein Glück,
bist verbittert und innerlich verschlossen.
Dein Ego hat dich verändert,
die Liebe ist längst vergangen.

IN LIEBE VERBUNDEN

Mein Herzschlag wird leiser,
wenn du nicht bei mir bist.
Mein Lachen verzieht sich,
wenn ich dich nicht hören darf.

Jeden Schritt, den ich gehe,
gehe ich auch für dich.
Mit jedem Atemzug
atme ich für dich mit.

Unsere Verbindung überspringt alle Grenzen
des menschlichen Denkens.
Ich bin mit dir Eins
in jedem Augenblick.

Unser Miteinander spiegelt die Liebe,
die jede Beziehung bestimmen soll.
Ich weiß, dass, wenn ich dir schade,
schade ich mir selbst zugleich.

Bewusst lebe ich ein Leben mit dir,
wo du für mich und ich für dich
in Ewigkeit der Liebe
vereint sein werden.

DIE BÄUME DIESER ERDE

Eure Armee ist überwältigend groß,
ihr kämpft mit euren unsichtbaren Waffen
gegen einen Feind, der euch zum Teil
auf dem Boden und in der Luft angreift.

Wir Menschen wollen nicht begreifen,
dass ohne euch
wir nichts vom Leben hätten.
Ihr schenkt uns des Lebens Atemluft.

Und ohne euch wären für viele
die Winternächte einer bitteren Qual.
Eure Symbiose mit dem Feuer
schenkt uns wohlige Wärme
in den kalten Nächte eines Jahres.

Was wäre der Frühling
ohne eure Blütenpracht?
Den vielen Elternvögeln schenkt ihr ein Zuhause
und ohne euch würden wir keinen Schatten finden
in des Sommers heißesten Tagen.

Ihr seid unsere Beschützer und Lebensspender,
unsere größeren Brüder.
Ihr habt schon längst begriffen:
unsere große Mutter Erde
sollte man ehren und schützen.

Ihr würdet nie selbstsüchtig handeln;
denn dies hätte Konsequenzen,
und ihr würdet letztendlich
nur euch selber schaden.

Und so wacht ihr leise
und nehmt die Missachtung
und die egoistischen Art
euerer Gleichgesinnten
mit einer niedergeschmetterten Haltung an.

ENGEL

Seit Menschengedenken bewohnt ihr die Erde,
und viele von uns bitten euch herbei
zum Schutz, zur Stärkung
oder auch zur Selbstbestimmung
seid ihr die Wesen unseres Geleits.

Eure Gestalt ist sehr vielfältig,
mal seid ihr kleine Wesen,
mal riesengroß zugleich,
mal nehmt ihr von Zeit zu Zeit
menschliche Gestalt an.

Ihr seid Boten der Anderswelten,
ihr seid Wächter und Aufwecker zugleich.
Durch eure Begegnung wachen viele Menschen
zu ihrem rechten Leben
erst so richtig auf.

Und auch, wenn eure Kreation
ein Geschöpf der großen Kraft
des menschlichen Geistes ist,
so erfüllt ihr doch einen Zweck:
ihr gebt dem Menschen Halt und Kraft.
Und im dem gleichen Atemzug
erschafft ihr den Glauben
an ein Leben,
das nach dem diesseitigen folgt.

KINDER

Welch` steinernes Herz wird nicht erweichen
bei dem Lachen eines Kindes!
Welches Leben blieb auch unberührt
bei der Geburt eines dieser kleinen Wesen!

Man nennt sie Geschenke des Himmels,
Spiegel der Liebe ihrer Eltern,
Offenbarung einer viel größeren Macht
in menschliche Gestalt gegossen.

Viele von ihnen sind viel weiser
als wir Erwachsene nur glauben.
Doch wir schmieden sie
zu unseren Gunsten eben.

Nur mancher von uns getraut sich doch
der kindlichen Stimme und den kindlichen
Gedanken
Aufmerksamkeit zu schenken.
Und oft ist die Überraschung groß,
wenn kindliches Denken
erschreckend groß erscheint.

So kann ein mancher,
der vom Alter her
schon länger auf Erden weilt,
von kindlichem Wesen vieles lernen.

Denn es ist noch rein
und näher an der Lebensquelle
als wir, die im Labyrinth des Lebens
mit unseren selbsterschaffenen
und kontrollierenden Regeln verirrt und schutzlos
sind.

Da stellt sich mir die Frage
....Wer ist hier das Kind?

AUF WIEDERSEHEN, LIEBER WINTER

Schmilz` dahin, du weiße Pracht,
schenke dem Frühling deine Macht!
Wo überall schützend
deine Hand auf der Erde lag,
erlaubst du nun dem Leben zu atmen.

Die Blumenpracht strebt auf
ihrem Weg nach oben
und vereinigt sich mit den Sonnenstrahlen.

Doch dies war schier unmöglich;
denn dein weißer Mantel
entriss jedem, der den Atem des Lebens
in sich aufnehmen wollte,
jegliche Chance.

Du bist zu mächtig,
und mit dir zu leben
ist Privileg nur für einige wenige Wesen auf Erden.

Einige hassen dich,
einige lieben dich.
Doch das Leben besteht im ständigen Wechseln
und du bist eines seiner Kinder.
Es bleibt jedem überlassen
dich zu lieben oder zu hassen.

Du zwingst jeden, in sich zu kehren,
neue Energie zu sammeln
für einen neuen Zyklus des Lebens.

VERSPRECHEN AN DEN TAG

Er kommt und geht, ohne zu fragen;
ist man bereit für sein Ende
oder für den Anfang seiner Stund!
Er zieht seine Bahn ungestört und unberührt
von jeglichem Unterfang.

Wir hingegen erschaffen eine Welt neuer Träume.
Mit jedem Tag, der neu geboren wird,
versprechen wir ein anderer zu sein
wie der am vorhergehenden Tag.

Doch als er verstreicht, um Platz zu machen
für ein neuen Tag,
bemerken wir, dass die Versprechung
nicht in ein Tag hineingepasst hat,
und so verschieben wir die Träume fort
um einen weiteren Tag.

Zur späten Stund erwachen wir
und schieben unsere Schuld
auf die arme Zeit,
sie sei zu schnell an uns vorbei gezogen,
ohne Warnung und unbemerkt verstrichen.

Dabei ist jeder Tag
dem anderen nicht gleich,
einmalig vom Anfang bis zum End.

Es ist die Fülle, die wir
uns selbst erschaffen.
Mit jedem Augenblick, den wir erleben,
schenken wir dem Tag die Chance,
ein einzigartiger zu sein.

DANKBARKEIT

Nur wenige unter uns sind dankbare Wesen,
viele nehmen alles als selbstverständlich hin.
Dabei ist alles, was uns umgibt,
ein Geschenk an uns.

Wir sollten dankbar sein für Mutter Erde,
sie gibt so vielen Wesen Halt.
Wir sollten dankbar sein fürs Essen,
es nährt unseren gebrechlichen Körper.

Wir sollten dankbar sein für unsere Sonne,
sie gibt uns Licht und Wärme,
und ohne sie wäre das Leben unmöglich
hier auf Erden.

Wir sollten dankbar sein zu lieben,
sie ist die stärkste Kraft im Universum.
Wir sollten dankbar sein zu leben,
sie ist die menschliche Erfahrung, die wir machen.

Wir sollten dankbar sein für jeden Menschen,
dem wir begegnen,
er könnte für kurze Zeit
unser Lehrer sein.

Wir sollten dankbar sein für alles, was uns umgibt,
es öffnet unsere Herzen.

Wir sollten dankbar sein für jeden Augeblick
des Lebens,
er könnte unser letzter sein.

ERFAHRUNG

Dieses Wort an sich
bedeutet nichts.
Ein Mensch, der auch Erfahrung hat
und dies durch seine Tat bezeugt,
kann Jahre lang dieselbe Sache
auch schlecht machen,
aus verlorenen Illusionen heraus.

Doch alle sind erfahrene Ratgeber,
wenn es um die anderen geht.
Doch blind und plötzlich unerfahren,
wenn es um die eigenen Fehler geht.

Erfahrung heißt auch Reife zeigen,
doch heißt es auch, dass Zeit Erfahrung bringt?

Ein Mensch verbittert,
in seinem Rechthaben gefangen,
verloren hinter seinem Ziel,
heißt denn Erfahrung auch mal kleinlich sein und
denken?
Niederzukommen vom hohen Baum
der eigenen Erfahrung,
um Menschen versuchen zu verstehen,
die dieser hohe Baum gar nicht interessiert.

Erfahrung heißt auch Sicherheit
für den, der nichts anderes kennt.
Erfahrung täuscht auch gern,
macht träge,
ja gar gemütlich,
weshalb da auf Recht plädieren?

Erfahrung, du bist für viele
ein unbeschriebenes Blatt
und jeder scheint sein eigenes Markenzeichen
auf deiner würdigen Fahne
zu schreiben.

GARDASEE

Der erste Blick verdeckt
durch Wald und Weg,
doch näher zu dir gelangt,
erblicke ich dich in vollem Glanz!

Deine Schönheit lässt meine Stimme verstummen,
meine Augen erleuchten,
mein Herz erblüht.
Du bist mit der Grund,
warum an deinen Ufern
Liebesgeflüster herrschen.

Du liegst beschützt in diesem Tal,
umkreist von diesen Bergen,
die scheinbar wie die Wächter
deiner Schönheit dienen.

Als die Welt entstand,
hat bestimmt ein Engel geweint,
aus dessen Tränen du
und deine vielen Geschwister
hervorgegangen seid.

ARMUT

Läuft man auf den Straßen im Westen der Welt,
fragt man sich:
Was ist Armut für diese Leute?

Ist es Armut kein Haus zu besitzen?
Ist es Armut keine Markenkleidung zu tragen?
Ist es Armut kein schickes neues Auto zu fahren?
Ist es Armut keine teuere Uhr am Handgelenk zu
haben?
Ist es Armut nicht über die Einkommensgrenze zu
kommen?

……. Die Antworten scheinen unterschiedlich zu
sein.

Mein Weg geleitet mich weit fort von hier,
wo Menschen anders sind.
Vielleicht erhalte ich hier
die Antwort auf meine Frage!

Doch ich staune bei dem Anblick,
dass hier die Welt
ganz anders tickt.
Die Werte scheinen sich zu spalten,
und die Armut wird hier anders definiert.

Hier ist es Armut, keine Familie zu haben,
die einen liebt und schützt zugleich.
Hier ist es Armut, nicht Freude zu haben
bei allem, was man tut.
Hier ist es Armut, die Welt zu bekämpfen,
in der wir alle Leben.

Hier ist es Armut, nicht lachen zu können,
aus tiefsten Herzen eben.
Hier ist es Armut, Menschen die kalte Schulter zu
zeigen,
um sich selbst zu schützen.
Hier ist es Armut, nicht lieben zu dürfen,
die Liebe nie zu erfahren.

Mein Weg, er zieht nun fort,
weit weg von diesem Ort.
Und nach einer Weile des Gehens
erblicke ich ein Dorf.

Auch hier gesell` ich mich hinzu
und frage ganz neugierig,
was Armut bei ihnen sei!

….Die Antwort kam doch anders, als von mir
geahnt.

Armut kennt man nicht
…. Man suche hier vergebens.

Die Antwort war erstaunlich für mich
und auch die Erklärung.
Alles ist Liebe, sagt man mir,
alles in Friede eingetaucht,
alles sei miteinander verbunden,
dies sei es, die Freude zu erfahren.

Armut erzeugt nur der,
der nicht im Einklang sei,
der sucht und findet nicht,
deshalb schafft er Grenzen,
wo in Wahrheit keine sind.

DIE FANTASIEVOLLE WELT EINES KINDES

Wie schön war es als Kind
im unbekannten Land
der Fantasie sich austoben zu dürfen!
Die Grenzen des Wahrnehmbaren
mit nicht realen Dingen zu fühlen.

Die Wolken am Himmel tanzten und hüpften
über den Himmel, waren rosa und formten
dabei tausende Gesichter,
extra fürs kindliche Auge.

Das Bett, in dem wir schliefen,
war eine Burg oder ein Schiff.
Für Jungs war das Piratenleben
das Abenteuer pur.
Für Mädchen wiederum
das Prinzessinnendasein,
die pure Lebenslust.

Gespräche mit dem Lieblingstier
waren Selbstverständlichkeiten.
Auch Engel am Abendbrot
gehörten zu unseren ständigen Begleiter.

Die Wiese wurde zum Revier
eines Indianerlebens,
Pfeil und Bogen bauen
war uns in die Wiege gelegt.
Die Bäume waren für uns
wie für die Affen ein Zuhause.

Das kindliche Leben
schien unendlich zu sein.
Was kindlich wie eine Offenbarung schien,
verblasst in spätem Alter
und man erinnert sich ans kindliche Gedachte...
und staunt!

BLUMENPRACHT

Ich bin gefesselt,
Gedanken scheinen wie von Zauberhand
gestoppt zu sein.
Fühlen und Staunen ist jetzt angesagt.

Aus dem Nichts heraus,
durch die Berührung
der ersten Sonnenstrahlen,
erweckt aus dem Winterschlaf,
ergießt ihr euch in tausenden von Farben
über das Land.

Besonders ihr, „ Glocken des Schnees",
seid zugleich dem Winter Bruder
und des Frühlings Schwester.

Ihr seid die ersten Boten,
die ihre Musik erstrahlen lassen
und gleichzeitig die Pforten öffnen
für einen neuen Lebenszyklus.

Nach euch folgen gleich die anderen Gestalten:
die Gelben,
die Fliederfarbenen, die Blauen,
die ihre Köpfchen emporrecken
durch das immer grüner werdende Gras.

Die Kraft eures Zaubers
lässt wenige Wesen unberührt
und euer Nektar verlockt
tausenden von Flügelwesen.

Die größten folgen euch zugleich.
Die Magnolie, deren Blüten
und Duft alle in ihren Bann zieht.

Wer träumt nicht vor sich hin,
wenn er die Blütenpracht des Kirschbaumes
erblickt
und man für kurze Zeit im Hier und Jetzt gefangen
ist?

Die Stimmung steigt,
und wer will nicht
bei eurem Anblick
sich in das Gras niederfallen lassen?
Die Wolken ziehen vorbei,
die Sonne wärmt das Herz,
euer Duft verzaubert die Sinne.

Ihr seid die ersten Überbringer,
die der Frühling mit sich bringt,
und zur gleichen Zeit
hebt ihr auch die Stimmung
in den Menschen.

Wir werden angezogen,
öfters raus zu gehen,
sich in der freien Luft zu bewegen,
öfters zu lachen und gute Laune zu haben.
Unsere Stimmung ist aufgeblüht
zur gleichen Zeit wie ihr auch!